어린이를 위한
조선 지식인의
독서 노트

일러두기

1. 한국고전번역원의 자료를 참고하였다.
2. 본문 중 고전 번역문은 어린이를 위해 다듬었다.
3. 고전 번역문의 끝에 지은이, 출전, 원제를 밝혔다. 예) 이덕무 《청장관전서》 '간서치전'
4. 각 소제목은 새로 만들어 달았다. 예) 간서치, 책만 보는 바보
5. 인물정보와 문헌정보 등을 더해 이해를 돕고자 하였다.
6. 그림 작가의 작품을 통해 우리 전통의 아름다움을 느낄 수 있게 하였다.

어린이를 위한 조선 지식인의 독서 노트

발 행 일 2014년 7월 30일 (1판 1쇄)

글 쓴 이 엄윤숙
그림원화 한주리
디 자 인 김혜영
발 행 인 유현종

발 행 처 포럼
등 록 2003년 11월 27일 (제406-2012-000053호)
주 소 경기도 파주시 탄현면 새오리로 237
전 화 02-337-3767
팩 스 02-337-3731
이 메 일 eforum@korea.com

ⓒ 엄윤숙, 2014
ISBN 978-89-92409-70-4 (73810)

이 책은 저작권법에 따라 보호받는 저작물이므로 무단전재와 무단복제를 금하며,
이 책의 전부 또는 일부를 이용하려면 반드시 저작권자와 포럼의 서면동의를 받아야 합니다.

※ 책값은 뒤표지에 있습니다.
※ 잘못된 책은 바꾸어 드립니다.

이 도서의 국립중앙도서관 출판예정도서목록(CIP)은 서지정보유통지원시스템 홈페이지(http://seoji.nl.go.kr)와 국가자료공동목록시스템(http://www.nl.go.kr/kolisnet)에서 이용하실 수 있습니다.(CIP제어번호: CIP2014020603)

어린이를 위한
조선 지식인의 독서 노트

어린이도 고전을 읽을 권리가 있다

《조선 지식인의 독서 노트》를 어린이들이 읽을 수 있도록 만들어 달라는 독자들의 요청이 있었다. 한편, 고전을 읽는다는 것이 어른에게도 어려운데, 어린이에게는 무리가 아닐까 염려하는 목소리도 있었다. 요청과 염려 사이에서 고민에 빠졌다. 결국 어린이도 고전을 읽을 권리가 있다는 것이 고전연구회 사암의 결론이다.

《어린이를 위한 조선 지식인의 독서 노트》에 실린 글은 당시 어린이나 공부를 처음 시작하는 초학자가 실제로 교육 자료로 활용하던 것들이 많다. 그런데 지금 어린이들에게 직접 들려주는 말처럼 생생하고 딱 알맞은 표현이 많아 신기하고 놀랍기까지 하다.

《어린이를 위한 조선 지식인의 독서 노트》는 '어린이들이 고전을 직접 읽는다'는 것을 목표로 삼았다. 원문의 뜻과 분위기를 유지하면서 한문 번역체의 표현은 정갈하게 다듬으려고 노력했다. 또 뒤에 간단한 설명을 붙여, 어린이들이 고전을 읽는 데 도움을 주고자 하였다.

　나는 어린이들의 능력을 믿는다. 지레짐작으로 어려울 거라는 걱정을 버리기만 한다면, 어린이들도 읽을 수 있다고 생각한다. 나에게는 또 하나 믿음이 있다. 누구나 고전을 직접 보고 듣는다면, 고전이 갖는 강한 카리스마와 수려한 아름다움에 흠뻑 빠지리라 믿는다.

　한 권의 책에 모든 것을 담아낼 수는 없다. 이 책만 읽으면 '고전'을 끝장낼 수 있도록 꾸역꾸역 내용을 집어넣으려고 하지 않았다. 오히려 조금은 헐겁고 조금은 성글게 하자고 생각했다. 그저 어린이들이 직접 읽고, 스스로 생각하고, 찾아볼 수 있도록 작은 도움을 줄 수 있으면 좋겠다고 소망했다.

　《어린이를 위한 조선 지식인의 독서 노트》는 더 많은 책, 더 깊은 책을 만나기 위한 '보물지도'일 뿐이다. 우리 어린이들에게 '고전이라는 보물이 있다'는 사실을 알리는 것만으로도 이 책은 충분히 의미 있는 책이 될 것이다. 보물지도를 찬찬히 해독하고, 지도를 따라 꾸준히 탐험하다 보면 값진 보물을 만나게 될 것이다. 고전이라는 진귀한 보물들을 캐고, 다듬고, 더욱 멋지게 이용하는 것은 어린이 여러분들의 몫이다.

고전연구회 사암俟巖 대표　엄 윤 숙

독서 노트를 읽는 순서

머리말
어린이도 고전을 읽을 권리가 있다 4

간서치, 책만 보는 바보 8
독서란 마음, 눈, 입이 동시에 하는 것이다 14
책을 읽는 즐거움에 빠져 더운 줄도 모른다 20
독서를 가로막는 여덟 가지 나쁜 습관 26
누구나 독서의 어려움을 느낀다 34

생각하면 얻고, 생각하지 않으면 얻지 못한다 40
독서에 지각생은 없다 46
독서에도 차례가 있다 52
독서는 일상생활이다 58
모르는 게 있다면 길가는 사람에게라도 물어야 한다 64

틈이 나면 한 글자라도 읽어라 70
독서만큼 즐거운 일은 없다 76
독서란 '앎'과 '실천'을 결합한 말 82
그 때 좀 더 공부했었더라면 88
어린아이에게 많은 것을 강요하지 말라 96

독서에는 다섯 가지 방법이 있다 104
같은 책을 1억 1만 3천 번 읽은 사람 110
천한 노비라고 독서의 뜻을 꺾으랴 116
낮에는 부녀자의 일을 하고, 밤에는 독서에 몰두했다 124
독서에는 다섯 가지 등급이 있다 130

독서란 목이 마를 때 마시는 시원한 물과 같다 136
독서는 과거를 이어 미래를 열어주는 통로이다 144

친절한 그림읽기 150

간서치, 책만 보는 바보

❁ 사람들은 이덕무를 두고 '간서치', 곧 '책만 보는 바보'라고 놀렸다. 이 글은 이덕무가 자신에 관한 이야기를 전기문 형식으로 쓴 '간서치전'이다. 《청장관전서》에 실려 있다.

목멱산 아래 어리석은 사람이 살고 있었다. 어눌하여 말을 잘하지 못하고, 성품은 게으르고 보잘것없어 세상의 일을 알지 못했다. 바둑이나 장기는 더욱 알지 못했다. 이를 두고 다른 사람들이 욕을 해도 변명하지 않고, 칭찬해도 자랑하거나 뽐내지 않았다. 오로지 책 보는 것을 즐거움으로 삼아 추위나 더위, 배고픔이나 아픔도 전혀 알지 못했다.

어렸을 때부터 21살이 되기까지 하루도 손에서 책을 놓지 않았다. 그의 방은 매우 작았으나 동쪽, 서쪽, 남쪽으로 창문이 있어 해의 방향에 따라 밝은 곳에서 책을 볼 수 있었다. 그러다가 그동안 보지 못했던 책을 보면 기뻐서 웃었는데, 집안 사람들은 그가

목멱산 남산의 옛 이름.

웃는 것을 보고 새로운 책을 구했다는 것을 알았다.

그는 두보의 시를 매우 좋아했는데, 병에 걸려 끙끙 앓는 사람처럼 웅얼거렸다. 깊은 뜻을 깨우치면 기뻐서 벌떡 일어나 왔다 갔다 걸어 다녔는데, 그 모습이 마치 갈까마귀 같았다. 혹은 아무 소리도 없이 눈을 동그랗게 뜨고 뚫어지도록 보기도 하고, 혹은 꿈꾸듯이 혼자 중얼거리기도 하니, 사람들은 그를 두고 '간서치', 곧 '책만 보는 바보'라고 했다. 그는 이런 놀림조차 기쁘게 받아들였다.

그의 전기문을 지어 주는 사람이 아무도 없어, 붓을 들어 '간서치전'을 만들었다. 그러나 이름과 성은 기록하지 않았다.

이덕무 《청장관전서》 '간서치전'

두보 중국 당나라 때의 시인(712~770년)으로 이백과 함께 중국 최고 시인으로 꼽힌다.

이야기를 더하여

　이덕무는 서자라는 신분적인 제약으로, 과거 시험에서 좋은 점수를 받아도 높은 벼슬을 할 수 없는 처지였습니다. 그래서 가난과 슬픔이 늘 그와 함께 했습니다. 그러나 그는 공부를 게을리 하지 않고, 오히려 책을 읽고 또 읽었습니다. 늘 혼자 중얼거리며 책만 읽어 주위 사람들이 바보라고 놀렸답니다. 이 글은 '간서치전'으로, 이덕무가 스스로를 책만 보는 바보 '간서치(看書癡)'라고 이름 붙여 쓴 전기문입니다.

　이덕무가 많은 책을 읽어 학식이 높다는 이야기를 듣고 정조 임금님은 그에게 규장각의 검서관 자리를 맡겼습니다. 규장각은 나라에서 여러 자료를 모으고 책을 만드는 곳으로, 검서관은 규장각의 책을 정리하고 연구하는 사람입니다. 이덕무는 책만 보는 바보였지만 그 노력의 결과로 그토록 좋아했던 책 속에서 행복하게 지낼 수 있었습니다. 만약 그가 자신의 처지만 원망하며 지냈다면, 자신이 원하는 일을 하면서 살 수 없었을 것입니다.

사람들은
'~만 하는 사람'을 바보라고 놀립니다.

하지만
'~만 하는 사람'은 집중할 수 있고
'~만 하는 사람'은 행복할 수 있고
'~만 하는 사람'은 진짜가 될 수 있습니다.

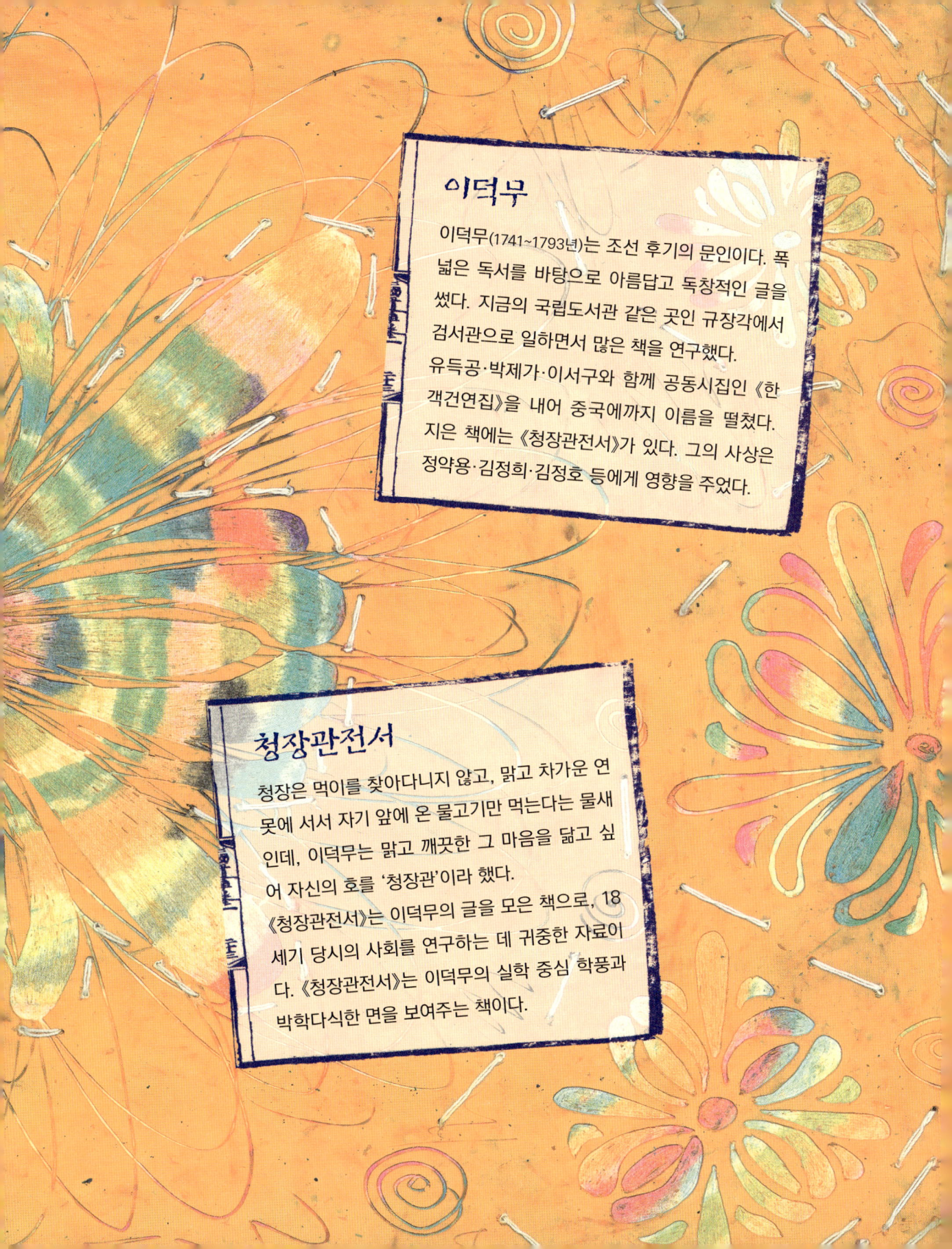

이덕무

이덕무(1741~1793년)는 조선 후기의 문인이다. 폭넓은 독서를 바탕으로 아름답고 독창적인 글을 썼다. 지금의 국립도서관 같은 곳인 규장각에서 검서관으로 일하면서 많은 책을 연구했다.
유득공·박제가·이서구와 함께 공동시집인 《한객건연집》을 내어 중국에까지 이름을 떨쳤다. 지은 책에는 《청장관전서》가 있다. 그의 사상은 정약용·김정희·김정호 등에게 영향을 주었다.

청장관전서

청장은 먹이를 찾아다니지 않고, 맑고 차가운 연못에 서서 자기 앞에 온 물고기만 먹는다는 물새인데, 이덕무는 맑고 깨끗한 그 마음을 닮고 싶어 자신의 호를 '청장관'이라 했다.
《청장관전서》는 이덕무의 글을 모은 책으로, 18세기 당시의 사회를 연구하는 데 귀중한 자료이다. 《청장관전서》는 이덕무의 실학 중심 학풍과 박학다식한 면을 보여주는 책이다.

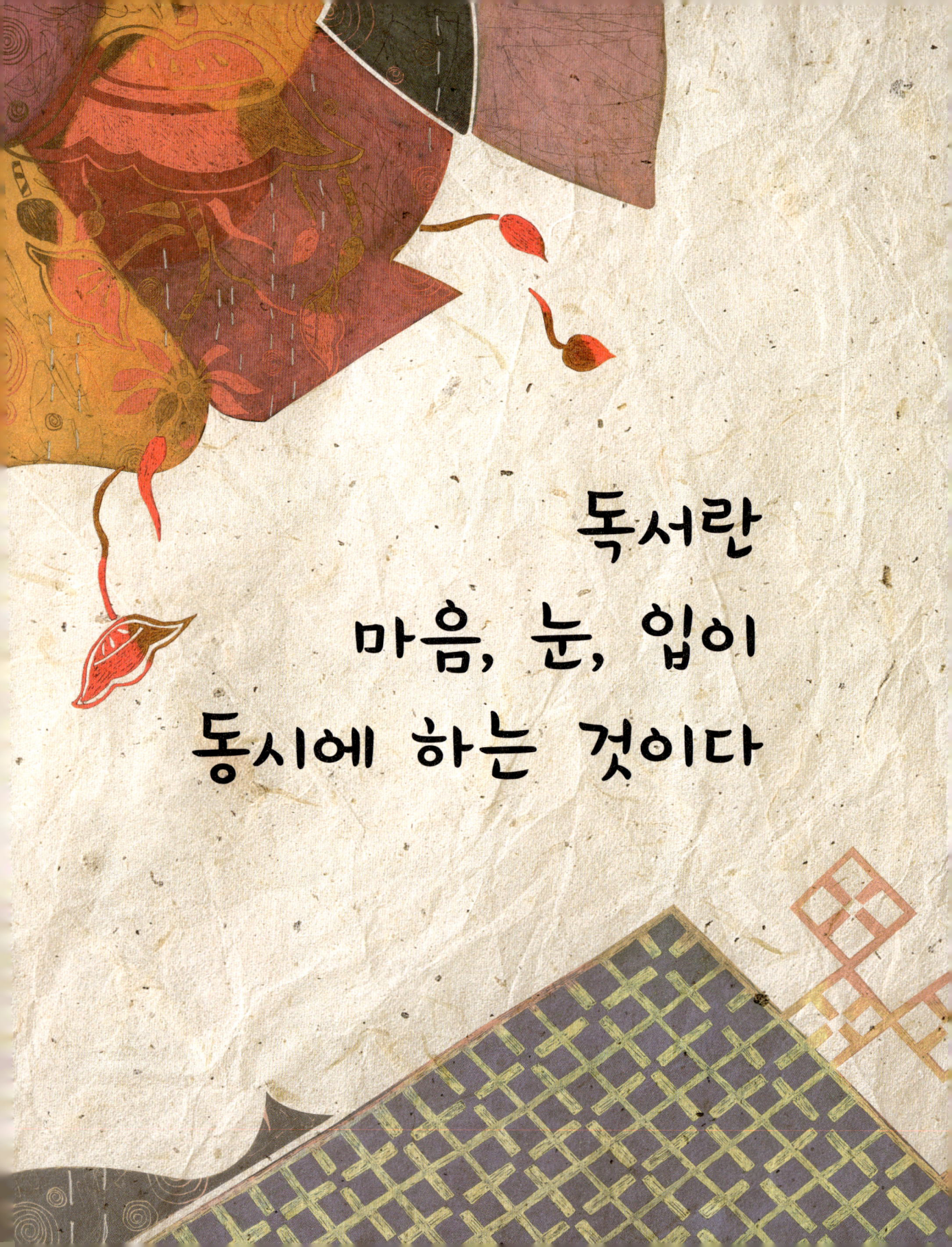

독서란
마음, 눈, 입이
동시에 하는 것이다

❁ 이 글은 이수광이 공부를 시작하기로 마음먹은 사람들에게 독서의 방법과 공부의 비법을 일러주는 것이다. 우리나라 최초의 백과전서인 《지봉유설》에 실려 있다.

    선배들이 말씀하시기를 "책을 읽을 때는 세 가지가 동시에 책에 머물러야 한다. 즉 마음이 머물러야 하고, 눈이 머물러야 하고, 입이 머물러야 한다. 마음이 책에 머무르지 않으면 눈이 자세하게 보지 않게 된다. 마음과 눈이 책에 머무르지 않으면, 제멋대로 외우고 헛되이 읽을 뿐이다. 이렇게 되면 결코 책의 내용을 기억할 수 없고, 설령 기억한다고 해도 오래 지나지 않아 곧 잊어버릴 것이다."라고 했다. 이것이 바로 독서할 때 마음에 새겨야 할 가장 중요한 비결이다.

이수광 《지봉유설》 '초학'

이야기를 더하여

 이 글에서는 처음 공부를 시작하는 초학자(初學者)에게 자신이 선배들에게 전해들은 비밀을 이야기해 주는 이수광의 모습이 보입니다. 이수광도 그 비결에 따라 글을 읽고 책을 쓰며 훌륭한 학자가 되었습니다. 여러분들도 400년 전 대선배의 비결에 따라 독서를 해보면 어떨까요?

 책을 읽을 때도 최선을 다해야 합니다. 단순히 눈으로만 읽고 마음 속으로는 다른 생각을 품고 있으면, 책의 내용을 알 수 없습니다. 몸은 책 앞에 있어도 마음이 다른 곳에 가 있으면, 진짜 나는 다른 곳을 헤매고 있는 것이나 마찬가지이기 때문입니다.

 무슨 일을 하든지 최선을 다하는 사람만이 스스로에게 당당하고 행복할 수 있습니다. 최선을 다한 후에야 잘 안 된다고 걱정할 수도 있고, 다음엔 뭘 하겠다는 결심도 할 수 있습니다. 최선을 다한다는 것은 온 마음과 온몸이 동시에 그곳에 있다는 것입니다.

　이수광의 이런 학문적 태도는 그가 지은 《지봉유설》에 잘 나타나 있습니다. 이수광은 자신이 알고 있는 모든 것을 기록하고 싶어 했습니다. 이수광의 눈과 입과 마음이 이 책에 다 집중되어 있습니다. 이수광은 모든 것을 《지봉유설》에 기록했습니다. 인물과 문화와 풀과 나무와 동물 등 자신이 보고 느낀 많은 것을 분류하고 적어 나갔습니다.

　중국에 사신으로 여러 번 다녀온 이수광은 그곳에서 새로운 문물을 접하고, 다양한 사람들과 만납니다. 다른 나라의 사신을 만나 그들의 문화를 알게 되기도 합니다. 《지봉유설》에는 동양 각국에 대한 소개뿐만 아니라 유럽에 대한 이야기도 실려 있습니다. 예를 들면 영국의 위치·날씨·생활양식·무기 등을 소개하고 있습니다. 또 마테오리치 신부가 지은 〈천주실의〉를 소개했는데, 천주교 교리와 교황에 대한 설명도 곁들여 우리나라에 천주교가 전해지는 계기가 되기도 했습니다.

독서는
단지 눈으로만 하는 것이 아니라
온 마음과 온몸으로 해야 하는 일입니다.

눈이 가는 곳에 마음이 있고
입이 닿는 곳에 마음이 있고
마음이 있는 곳에 내가 있습니다.

이수광

이수광(1563~1628년)은 조선 중기의 학자다. 그는 임진왜란이 일어난 이유가 민생이 어려움에 빠져 있었기 때문이라고 보고, 백성을 위한 정치를 할 것을 주장했다.
이수광은 새로운 학문인 양명학을 소개하기도 했다. 그의 학문은 유교적 정통성을 바탕으로 하면서도 실학적 정신을 지향하는 것이다.

지봉유설

《지봉유설》은 조선 중기의 학자 이수광이 쓴 백과전서(일정한 체계 아래, 모든 것을 부문별로 해설한 책)이다. 당시의 학자 김현성은 "읽는 사람으로 하여금 총명함을 계발하게 하고 지혜를 더하게 하니, 마치 귀머거리에게 세 귀가 생기고 장님에게 네 눈이 생김과 같다."라고 이 책을 높이 평가했다.
이수광은 이 책에서 꽃·나무·곤충·동물에 이르기까지 총 3,435항목을 다루고 있다.

책을 읽는
　즐거움에 빠져
　더운 줄도 모른다

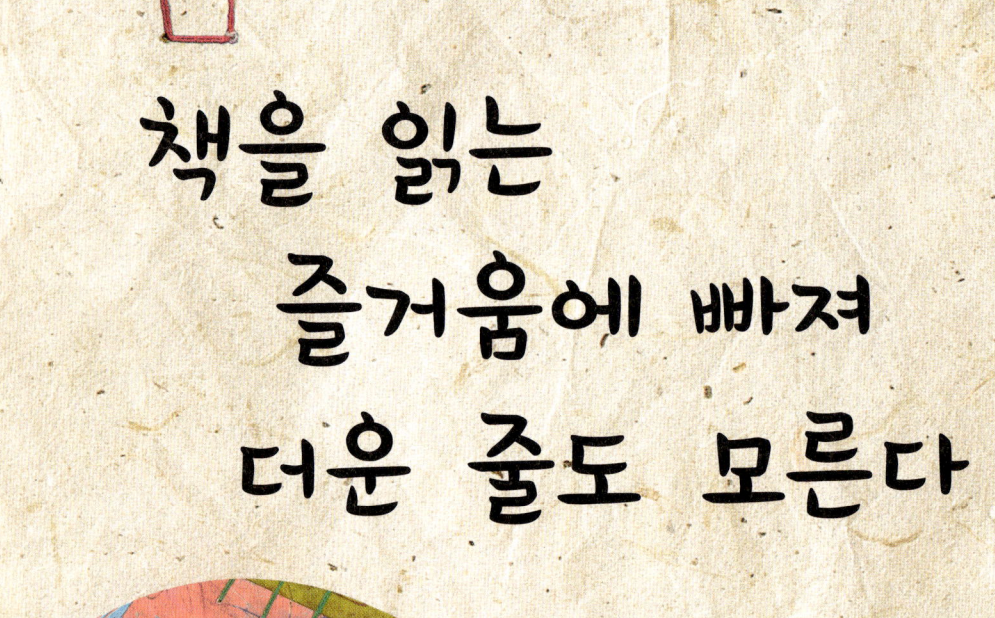

✿ 김성일이 스승의 가르침을 잊지 않으려고, 스승의 말과 행동을 기록한 글이 '퇴계선생언행록'다. 이 글에는 더위를 잊고 독서에 집중하는 퇴계의 모습이 그려져 있다.

퇴계 선생께서 일찍이 이렇게 말씀하셨다.

"나는 어렸을 때부터 학문에 뜻을 두었지만, 나의 지혜와 능력을 열어주고 깨우쳐 줄 스승이나 친구를 만나지 못했다. 이 때문에 수십 년 동안 헤매면서도, 어디에서 시작해 무엇을 공부해야 할지 알 수가 없었다. 그래서 헛되게 마음과 힘만 낭비했다. 그럼에도 불구하고 생각하는 일을 그만두지 못했다. 밤새도록 앉아서 잠을 이루지 못하다가 마침내 마음의 병을 얻어, 여러 해 동안 독서를 할 수 없는 지경에까지 이르렀다. 그 때에 만약 나를 이끌어 줄 스승이나 친구를 만났다면, 어찌 헛되이 마음과 힘만 허비하고 나이가 들도록 아무 것도 얻지 못하는 상황에까지 이르렀겠는가?"

퇴계 퇴계는 이황의 호다.

이와 같은 말은 비록 스스로를 낮추어 겸손하게 하는 말씀이기는 하지만, 선생의 학문이 남에게서 얻은 것이 아니라는 사실을 짐작할 수 있다. 이렇게 선생이 이룩한 학문은 세상에 휩쓸리지 않고 홀로 우뚝 솟아 오른 것이다.

　　어느 날 《주자전서》를 얻은 후, 퇴계 선생께서는 문을 닫아걸고 방에 들어앉아 조용하게 독서에만 열중했다. 선생의 독서는 여름이 다 지나도록 그치지 않았다. 이에 주변 사람이 무더위에 선생의 몸이 상할까 걱정하여, 독서를 그만 멈출 것을 조심스럽게 말씀드렸다.
　　그러자 퇴계 선생께서는 "이 책을 읽다보면 가슴 속에서 서늘한 기운이 일어나 더위는 저절로 잊게 된다. 그런데 무슨 병이 나겠는가?"라고 말씀하셨다. 마침내 《주자전서》를 모두 읽고 난 후, 중요한 부분만 가려내어 책을 만들었다. 《주자서절요》가 바로 그 책이다.

김성일 《학봉전집》 '퇴계선생언행록'

주자　주희(1130~1200년)는 중국 남송 때의 유학자다. 주자는 주희를 높여 부르는 말이다.

이야기를 더하여

무더운 여름날, 퇴계 선생이 집중해서 독서하는 모습이 눈앞에 보이는 것 같습니다. '책을 읽다보면 가슴 속에서 서늘한 기운이 일어나 더위는 저절로 잊게 된다.'는 말은 신기한 마술 이야기가 아닙니다. 좀 더워도 참으라는 말도 아닙니다.

책이라는 좋은 스승을 만나 깨달음을 얻는 것이 더위보다 더 중요하다는 말입니다. 또한 책이라는 좋은 친구를 만나 깨달음을 얻는 것이 그 무엇보다 즐겁다는 말입니다.

우리가 책 좀 보려고 마음먹으면 나타나는 이런저런 방해꾼이 많습니다. 책만 펴면 너무 덥거나, 너무 춥거나, 목이 마르거나, 배가 고프거나, 머리가 아프거나, 주위가 시끄럽습니다.

핑계거리를 찾다보면 끝이 없습니다. 좋은 환경을 만드는 것도 좋지만, 조금 부족하고 불편한 점이 있더라도 참고 집중하는 자세가 필요합니다.

독서는
좋은 친구를 만나는 것.
독서는
훌륭한 스승을 만나는 것.

친구와 스승을 만나는 것은 반갑고 즐거운 일
반갑고 즐거우면 더위도 배고픔도 잠시 잊게 됩니다.

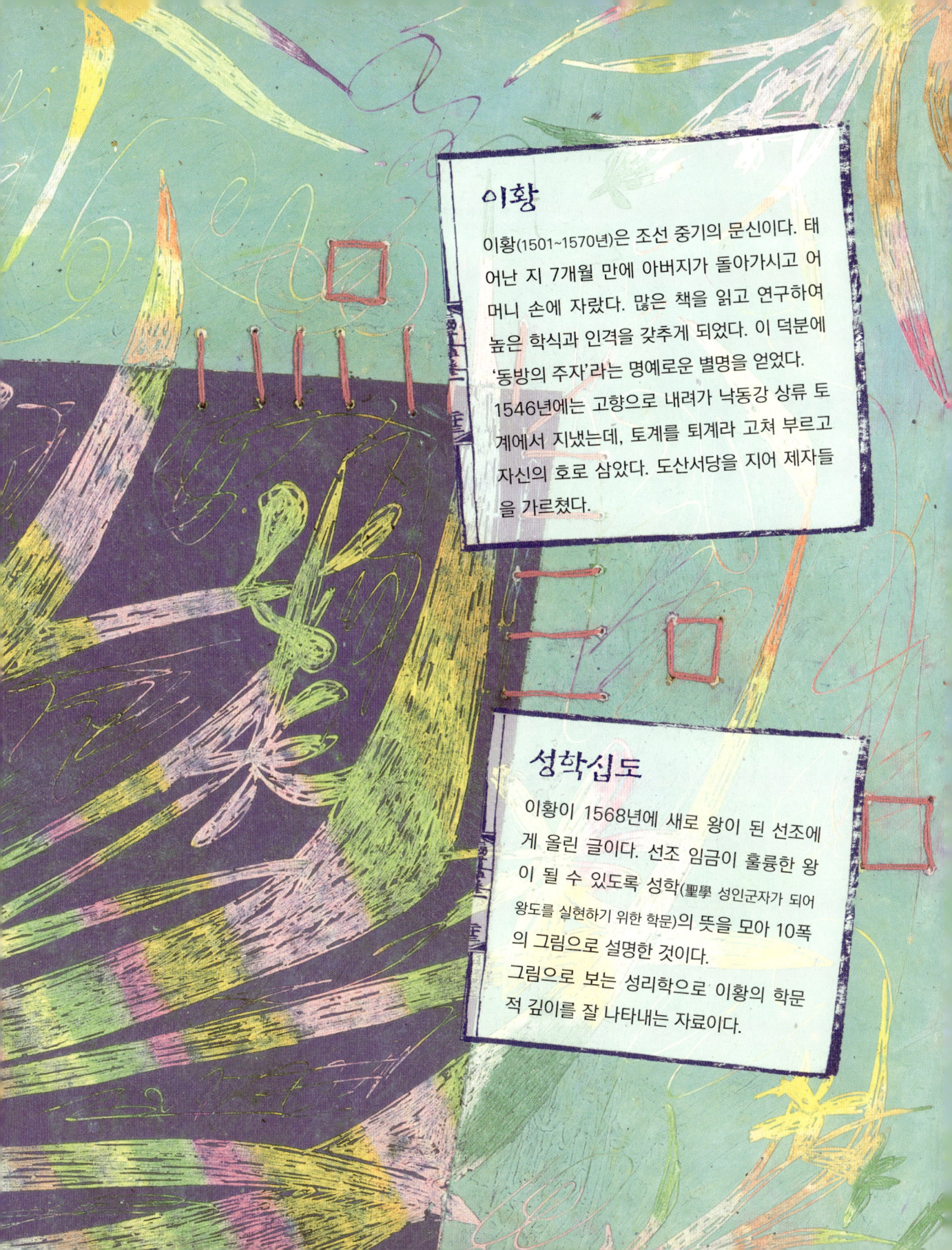

이황

이황(1501~1570년)은 조선 중기의 문신이다. 태어난 지 7개월 만에 아버지가 돌아가시고 어머니 손에 자랐다. 많은 책을 읽고 연구하여 높은 학식과 인격을 갖추게 되었다. 이 덕분에 '동방의 주자'라는 명예로운 별명을 얻었다.
1546년에는 고향으로 내려가 낙동강 상류 토계에서 지냈는데, 토계를 퇴계라 고쳐 부르고 자신의 호로 삼았다. 도산서당을 지어 제자들을 가르쳤다.

성학십도

이황이 1568년에 새로 왕이 된 선조에게 올린 글이다. 선조 임금이 훌륭한 왕이 될 수 있도록 성학(聖學 성인군자가 되어 왕도를 실현하기 위한 학문)의 뜻을 모아 10폭의 그림으로 설명한 것이다.
그림으로 보는 성리학으로 이황의 학문적 깊이를 잘 나타내는 자료이다.

독서를 가로막는
여덟 가지
나쁜 습관

❁ 이 글은 이이가 독서를 방해하는 나쁜 습관에 대해 이야기하는 부분이다. 독서를 시작하기 전에 나쁜 습관부터 버려야 한다고 충고한다. 《격몽요결》에 실려 있다.

독서에 뜻을 가지고 있으면서도 용감하게 앞으로 나아가지 못하는 까닭은 오래된 나쁜 습관이 가로막기 때문이다. 그러한 나쁜 습관에는 무엇이 있는가를 하나하나 적어본다. 만일 뜻을 매섭게 하여 이것들을 과감하게 끊어버리지 않는다면, 끝끝내 독서의 뜻을 이루지 못할 것이다.

첫째, 품은 뜻을 실천하는 것을 게을리 하고 몸가짐을 함부로 하면서 한가롭고 편안한 것만 생각하고, 자신의 마음을 다스리는 일을 몹시 싫어하는 습관.
둘째, 항상 돌아다닐 궁리만 하고 조용하게 안정을 찾지 못하며, 분주히 드나들면서 이런저런 이야기로 헛되이 세월을 보내는 습관.
셋째, 자신과 비슷한 사람들을 좋아하고 다른 부류의 사람들을 미워하며, 가끔 자신을 고쳐볼까 생각하다가도 친구들에게

따돌림을 당할까 두려워 금방 포기하는 습관.

넷째, 문장으로 사람들에게 칭찬받기를 좋아하여 옛날 훌륭한 분들의 글을 함부로 표절하여 문장을 꾸미는 습관.

다섯째, 글씨와 편지 쓰기에 정성을 들이고, 거문고에 빠져 빈둥빈둥 세월을 보내면서 스스로 그것을 자랑스럽게 여기는 습관.

여섯째, 한가한 사람들을 모아 바둑이나 장기 두는 일을 좋아하고, 종일토록 배불리 먹으면서 말다툼만 일삼는 습관.

일곱째, 재산이 많고 지체가 높은 것을 부러워하고, 가난하고 지체가 낮은 것을 싫어하여 거친 옷을 입고 거친 음식을 먹는 것을 몹시 부끄럽게 여기는 습관.

여덟째, 욕심을 능히 끊어버리지 못하고 돈과 노래에 빠져 그 맛을 꿀맛처럼 여기는 습관.

오래된 나쁜 습관은 사람의 마음을 해치는 일이 이와 같은데, 그 밖의 것은 일일이 다 말하기조차 어렵다. 이러한 습관은 사람의 뜻을 약하게 만들고, 성실한 행동을 하지 못하도록 한다. 오늘

표절 남의 작품이나 학설 따위의 일부를 허락 없이 몰래 따다 씀.
지체 대대로 이어 내려오는 사회적 신분이나 지위.

한 행동을 다음날 바로잡기 어렵게 만들고, 아침에 자신이 한 행동을 뉘우쳤다가도 저녁에는 다시 반복하게끔 만든다.

그러므로 반드시 용맹스러운 뜻을 크게 떨쳐 마치 단칼로 뿌리와 줄기를 베어버리듯이 해야 한다. 또한 그 마음을 깨끗이 씻어 털끝만한 찌꺼기도 남지 않도록 해야 한다.

또한 자주 반성해 마음에 한 점도 나쁜 습관이 남아 있지 않도록 해야 한다. 그런 다음에야 학문으로 나아가는 공부와 독서에 대해 말할 수 있다.

이이 《격몽요결》 '오래된 습관을 고쳐라'

이야기를 더하여

이 글은 《격몽요결(擊蒙要訣)》에 실려 있습니다. 어리석음을 없애는 비결을 알려주는 이 글에서는 나쁜 습관이 얼마나 힘이 센지 용맹스럽게 단칼에 베어내야 한다고 말하고 있습니다. 아침에 반성한 일을 저녁에 또 반복하게 만들고, 어제의 굳은 결심을 물거품으로 만드는 것은 습관의 힘입니다. 한 번 잘못 든 나쁜 습관은 나를 따라다니면서 나를 거짓말쟁이로 만들고 맙니다.

우리는 누구나 나쁜 습관을 버리고 싶어 합니다. 그래서 날마다 결심하고 약속하지만, 스스로 그 약속을 깨는 경우가 많습니다. 그것은 우리가 나빠서가 아닙니다. 그만큼 습관의 힘이 세고 강하기 때문입니다.

고치고 싶은 나쁜 습관이 있다면 하나하나 적어보면 도움이 됩니다. 종이에 적어놓고 보면 막연하게 생각했던 것보다 고쳐야 할 점이 분명해집니다. 기록하고 기억하면 나쁜 습관을 고치는 일에 소홀하지 않게 됩니다.

좋은 습관이 생기려면 우선 나쁜 습관이 있던 자리를 깨끗하게 비워야 합니다. 새집을 지으려면 낡은 집은 헐어버리고 시작해야 합니다. 새로운 일을 시작할 때는 청소가 먼저입니다. 독서에도 좋은 습관을 만들기 전에 나쁜 습관을 싹 밀어서 없애야 합니다.

처음에는 습관을 내가 만들었지만, 나중에는 습관이 나를 지배하게 됩니다. 나쁜 습관을 고치려면 그 자리에 좋은 습관이 들어가야 합니다.

독서도 마찬가지입니다. 어려서부터 책을 읽는 좋은 습관을 갖는다면 어른이 되어서도 책과 좋은 친구가 될 수 있습니다. 오늘부터라도 늘 책과 함께 하는 습관을 가져보는 건 어떨까요?

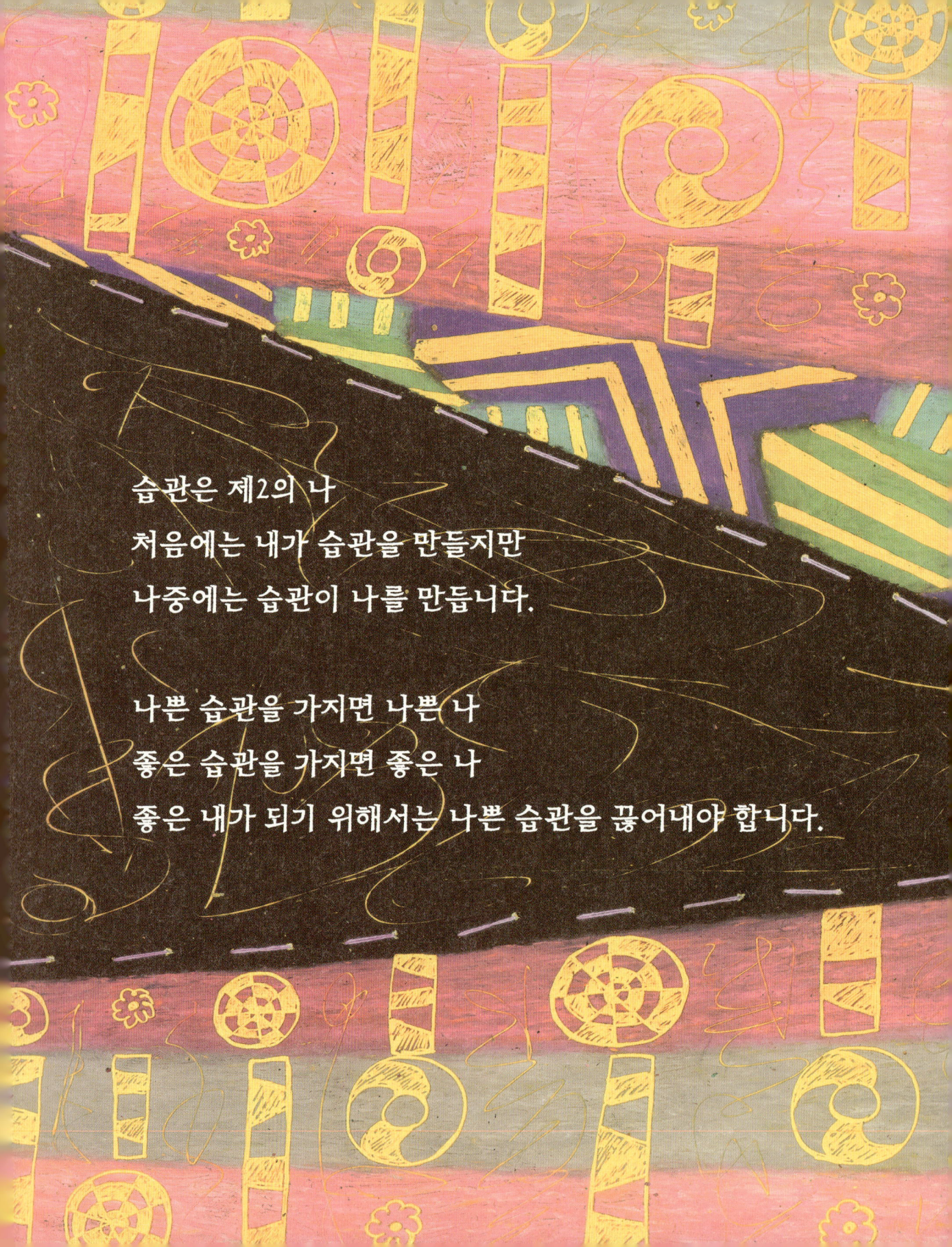

습관은 제2의 나
처음에는 내가 습관을 만들지만
나중에는 습관이 나를 만듭니다.

나쁜 습관을 가지면 나쁜 나
좋은 습관을 가지면 좋은 나
좋은 내가 되기 위해서는 나쁜 습관을 끊어내야 합니다.

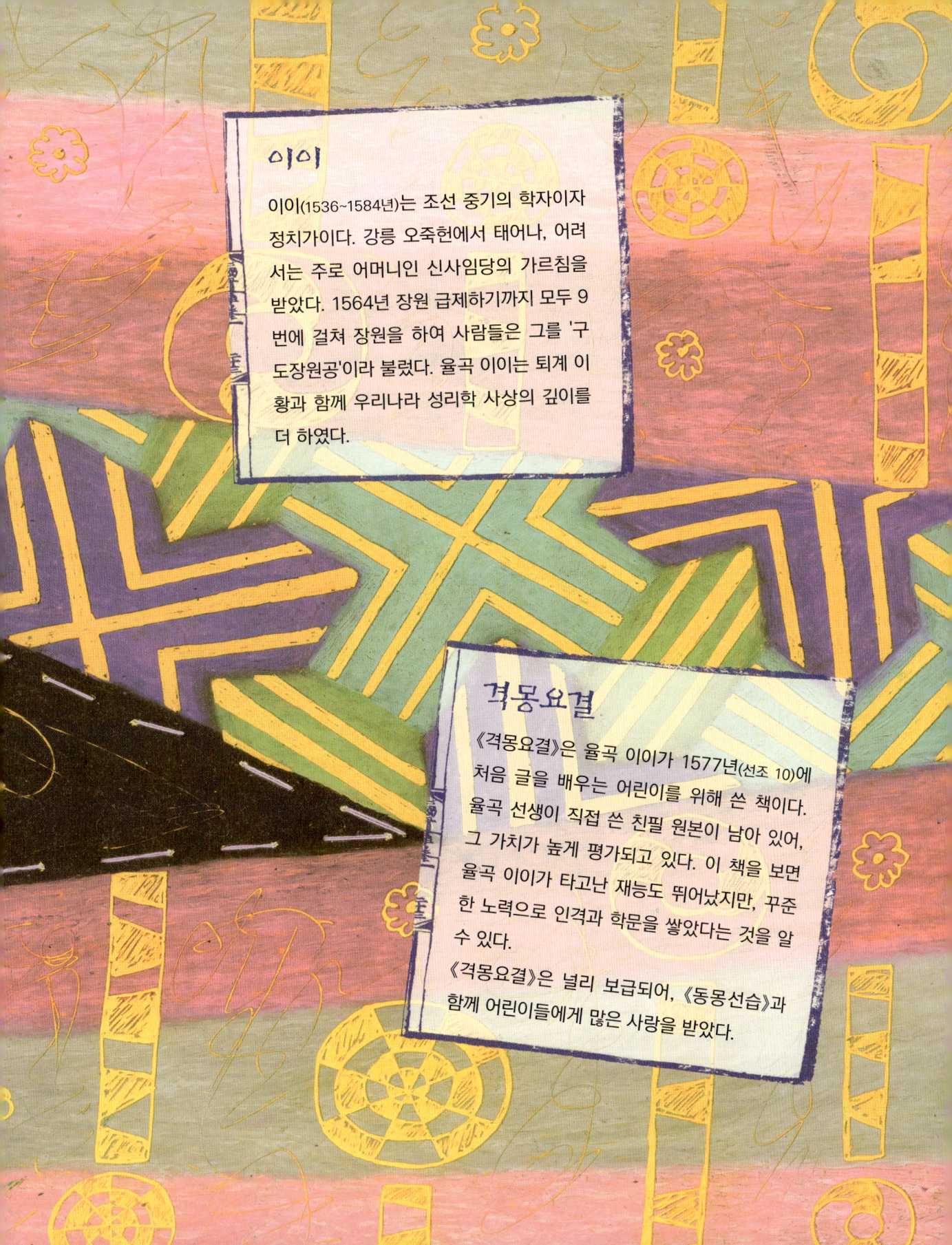

이이

이이(1536~1584년)는 조선 중기의 학자이자 정치가이다. 강릉 오죽헌에서 태어나, 어려서는 주로 어머니인 신사임당의 가르침을 받았다. 1564년 장원 급제하기까지 모두 9번에 걸쳐 장원을 하여 사람들은 그를 '구도장원공'이라 불렀다. 율곡 이이는 퇴계 이황과 함께 우리나라 성리학 사상의 깊이를 더 하였다.

격몽요결

《격몽요결》은 율곡 이이가 1577년(선조 10)에 처음 글을 배우는 어린이를 위해 쓴 책이다. 율곡 선생이 직접 쓴 친필 원본이 남아 있어, 그 가치가 높게 평가되고 있다. 이 책을 보면 율곡 이이가 타고난 재능도 뛰어났지만, 꾸준한 노력으로 인격과 학문을 쌓았다는 것을 알 수 있다.

《격몽요결》은 널리 보급되어, 《동몽선습》과 함께 어린이들에게 많은 사랑을 받았다.

누구나
독서의 어려움을
느낀다

🌸　이 글은 홍대용이 매헌이라는 청나라 청년에게 쓴 편지로, 독서하는 방법을 설명하는 것이다. 《담헌서》에는 이 외에도 홍대용의 편지와 일기 등이 실려 있다.

처음 독서할 때 누군들 어려워 괴로움을 느끼지 않겠는가? 그러나 독서의 괴로움을 겪지 않고서 그때 그때 편안함만 찾아 지내려고 한다면, 이는 결국 자신의 재주와 능력을 개발하지 않고 길바닥에 내다 버리는 꼴이 되고 만다.

만약 조금이라도 스스로 굳세게 마음먹고, 참고 살피면서 자신을 점검하는 일을 잊지 않는다면, 열흘 안에 반드시 좋은 소식이 있을 것이다. 이렇게 하면 책을 읽는 어려움은 점점 사라지고 독서 세계는 점점 넓어져, 손이 저절로 춤을 추고 발이 저절로 뛰어오르게 되는 즐거움을 느낄 수 있게 된다.

매헌 홍대용은 청나라 청년 매헌 조욱종에게 독서법을 친절하게 설명했다.

　인생은 길어봐야 1백 년을 넘지 못한다. 그동안에도 걱정거리나 재앙 그리고 고난은 우리에게 쉴 틈을 주지 않고 찾아든다. 이 때문에 살아 있는 동안 책을 읽을 수 있는 시간이란 얼마 되지 않는다.

　일찍부터 스스로 깨달아 노력하지 않고, 하루하루 세월만 보내다가는 결국 타고난 재주와 능력을 스스로 버리게 되므로, 늙어서 가난과 곤란을 당한다고 해도 그 누구도 원망할 수 없는 일이다.

홍대용《담헌서》'매헌에게 준 글'

이야기를 더하여

　작은아버지를 따라 중국에 간 홍대용은 그곳의 학자들과 친분을 맺었습니다. 홍대용이 조선에 돌아온 후에도 서로 편지를 주고받으면서 지식과 경험을 나누었습니다.

　홍대용의 넓은 식견과 훌륭한 인품이 알려지면서 먼 나라의 젊은이까지 그의 가르침을 받고 싶어 했습니다. 이 글은 홍대용이 중국 선비 조욱종에게 독서에 대해 일러주는 부분으로, 독서의 괴로움이 즐거움으로 변하는 과정에 대한 글입니다.

　아무런 어려움 없이 책을 척척 읽어내는 사람을 보면, 나와는 다른 사람이라고 생각하기 쉽습니다. 하지만 그 사람도 처음에는 괴로운 과정을 지나온 것이라는 사실을 알아야 합니다. 한 사람도 예외 없이 처음에는 다 괴로움을 겪습니다. 동시에 한 사람도 예외 없이 그 괴로움을 견디고 나면 독서의 즐거움을 느낄 수 있습니다.

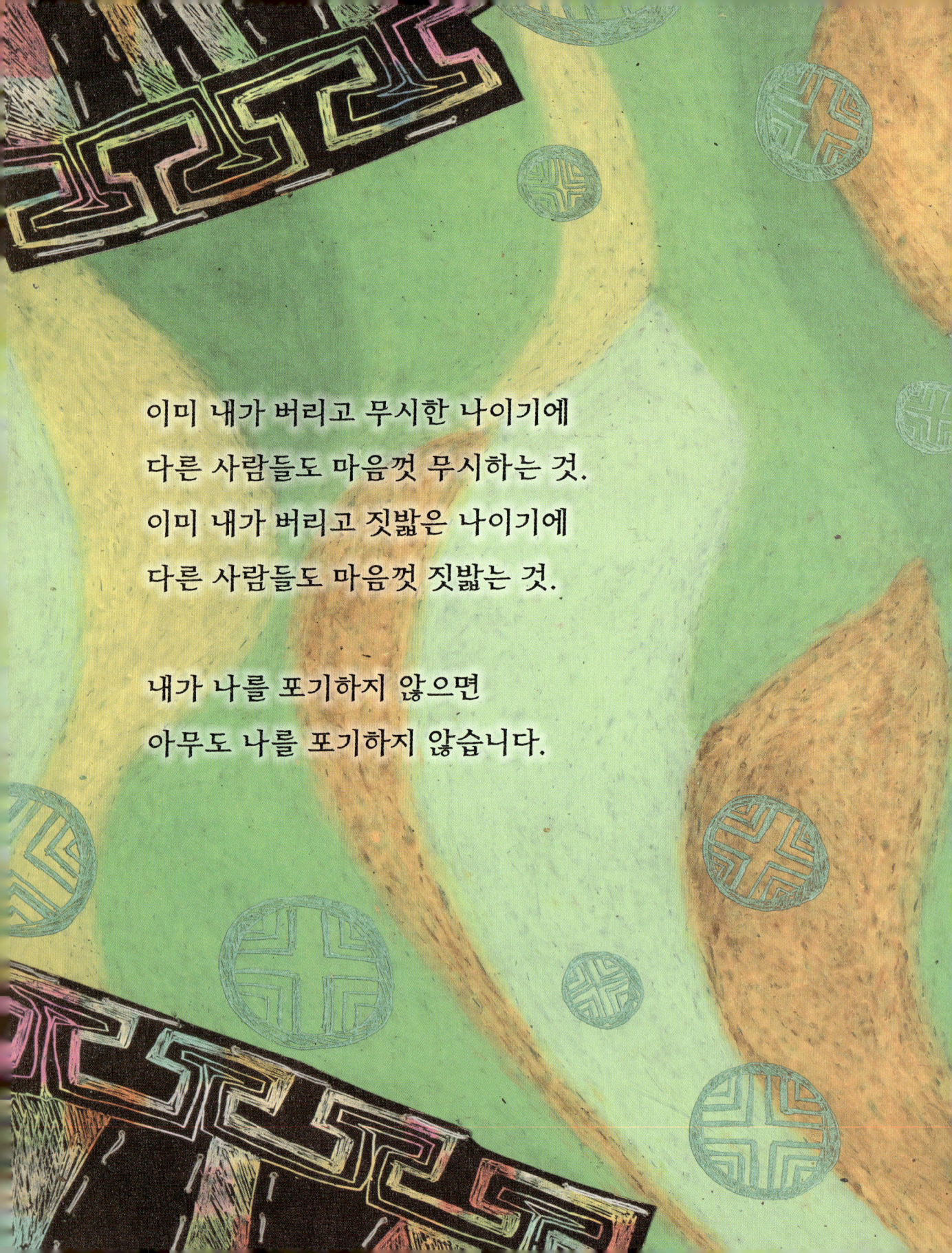

이미 내가 버리고 무시한 나이기에
다른 사람들도 마음껏 무시하는 것.
이미 내가 버리고 짓밟은 나이기에
다른 사람들도 마음껏 짓밟는 것.

내가 나를 포기하지 않으면
아무도 나를 포기하지 않습니다.

홍대용

홍대용(1731~1783년)은 조선 후기의 실학자이다. 1765년 작은아버지와 함께 청나라에 가는 연행 길에 올랐다. 이때 중국인 학자를 사귀고, 독일계 선교사와 만나면서 청나라의 학문과 서양 문물을 접했다.
홍대용의 경험은 당시 친분이 있던 박지원·이덕무·박제가 등에게 영향을 주어 '북학파'를 형성하게 되었다.

담헌서

《담헌서》는 홍대용의 편지, 일기, 중국의 학자들과 글로 대화한 필담 등이 실려 있다. 그는 과학, 천문, 음악에 관심이 많았다. 홍대용은 지구가 돌아간다는 '지전설'을 주장하는 등 조선 후기 과학 발전에 선구적 역할을 한 인물이다.

생각하면 얻고,
생각하지 않으면
얻지 못한다

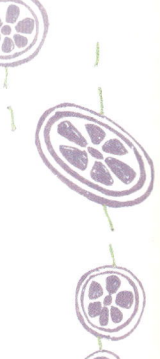

　　❁　　윤휴가 공부에 대한 생각을 '독서기'에 쓴 내용이다. 공부는 얼마쯤 하다가 그만둘 수 있는 것이 아니라, 쉬지 않고 해야 한다는 것을 산길에 비유하여 설명했다.

　　산 속의 좁은 길은 얼마간이라도 사용하면 길을 이루다가도, 또한 얼마간이라도 사용하지 않으면 잡초로 가득 차 버린다. 어찌 산길만 그렇겠는가?
　　독서도 마찬가지이다. 생각을 하면 얻고, 생각하지 않으면 얻지 못한다. 또한 생각이 있다면 기록하지 않을 수 없다. 기록을 하면 남고, 기록하지 않으면 사라진다. 그러므로 생각하고 기록하고 다시 생각하고 해석하면, '앎과 깨달음'이 더욱 자라나서 말과 행동이 두루 통하게 된다. 만약 그렇지 못하면 '앎과 깨달음'은 흔적도 없이 사라지고 말과 행동은 꽉 막히게 되어, 비록 잠시 얻었다 해도 반드시 다시 잃게 된다.

성현 성인(지혜와 덕이 매우 뛰어나 본받을 만한 사람)과 현인(어질고 총명하여 성인에 다음 가는 사람)을 합쳐서 하는 말.

　<u>성현</u>은 말과 법을 바로 세워, 천하의 사람들과 후대의 사람들에게 가르침을 주었다. 독서를 하는 사람들이 성현의 말을 외우고 그 뜻을 깊게 생각해 볼 때에는 가슴에 가득 쌓여 있는 기운과 답답하고 괴로운 마음이 부딪친 다음에야 그 뜻을 얻을 수 있다. 얻고 난 다음에는 반드시 기록해야 한다.

　세상의 이치는 사람의 마음에서 나온다. 그러나 세상의 이치를 한 사람의 지식만으로는 두루 알 수 없다. 그러므로 이미 얻은 지식을 미루어서 생각하고 자신의 깨달음을 발휘해 생각을 깊게 해야 한다. 이것이 성현의 가르침이고 학문과 독서를 하는 사람들의 책임이다.

　옛 사람들은 도리와 학술이 바로 세워지지 못할까 끊임없이 두려워했다. 그 두려움을 홀로 안고 감히 한순간도 여유를 부리지 않았다. 심지어 한밤중에라도 생각하다가 '앎과 깨달음'을 얻으면 즉시 촛불을 밝혀 기록했다.

윤휴 《백호전서》 '독서기에 붙여'

이야기를 더하여

　높은 산이 있습니다. 어떤 사람이 날마다 산을 오르다 보니 작은 오솔길이 생겼습니다. 그러다 얼마간 쉬게 되었습니다. 까맣게 잊고 있다가 다시 산을 찾아가니 잡초만 무성하고 다니던 길은 없어져 버렸습니다.

　책이라는 높은 산이 있습니다. 매일 쉬지 않고 읽으면 길이 생깁니다. 꾸준히 그 길을 가면서 맑은 샘물도 마실 수 있고, 시원한 바람도 만날 수 있고, 멋진 경치도 볼 수 있습니다. 하지만 얼마간 쉬다가 까맣게 잊고 지내면 그 길은 없어집니다. 책이라는 높은 산을 올라갈 길에 잡초가 무성해져 버립니다.
　독서의 길은 살아있어서 우리가 어떻게 하느냐에 따라 생기기도 하고 없어지기도 합니다. 독서의 길은 정직해서 우리가 어떻게 하느냐에 따라 넓어지기도 하고 좁아지기도 합니다.

피아노를 잘 치고 싶다면서
연습하지 않으면
피아노를 잘 칠 수 없습니다.

자전거를 잘 타고 싶다면서
연습하지 않으면
자전거를 잘 탈 수 없습니다.

무엇이든 꾸준히 하지 않으면
더듬더듬, 비틀비틀, 서먹서먹해집니다.